Impressum
Verlag: BABADADA GmbH, Nedderfeld 112 , 22529 Hamburg
Geschäftsführer / Verlagsleitung: Harald Hof
Druck: Books on Demand GmbH, In de Tarpen 42, 22848 Norderstedt

Imprint
Publisher: BABADADA GmbH, Nedderfeld 112 , 22529 Hamburg, Germany
Managing Director / Publishing direction: Harald Hof
Print: Books on Demand GmbH, In de Tarpen 42, 22848 Norderstedt, Germany

shkolla
škola

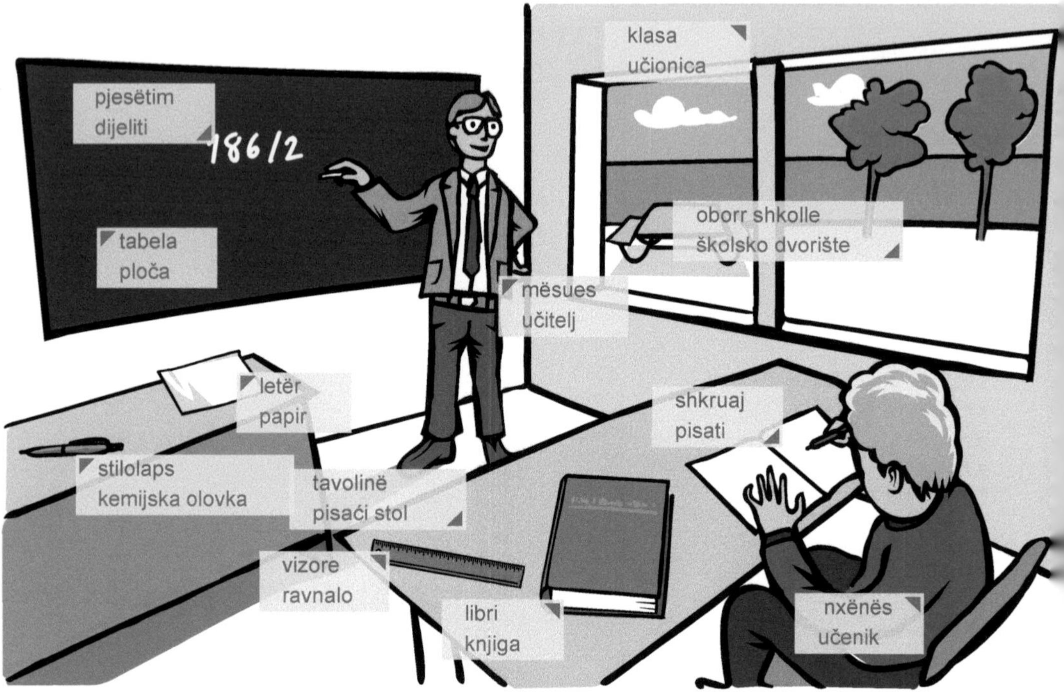
klasa
učionica
pjesëtim
dijeliti
186/2
tabela
ploča
oborr shkolle
školsko dvorište
mësues
učitelj
letër
papir
shkruaj
pisati
stilolaps
kemijska olovka
tavolinë
pisaći stol
vizore
ravnalo
libri
knjiga
nxënës
učenik

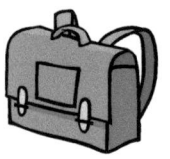

çantë

torba

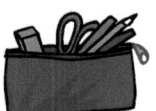

mbajtëse lapsash

pernica

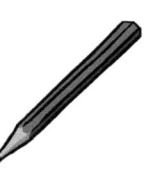

laps

grafitna olovka

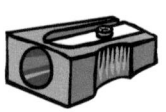

mprehës lapsash

šiljilo za olovke

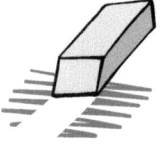

gomë

gumica za brisanje

fletore vizatimi

blok za crtanje

vizatim

crtež

penel

kist

kuti bojërash

kutija s bojama

gërshërë

makaze

ngjitës

ljepilo

fletore detyrash

bilježnica

detyrë shtëpie

domaći zadatak

numër

broj

2+2

mbledh

sabirati

5-2

zbres

oduzimati

2×2

shumëzoj

množiti

llogaris

računati

gërmë

slovo

ABCDEFG
HIJKLMN
OPQRSTU
VWXYZ

alfabeti

abeceda

fjalë

riječ

tekst
tekst

lexoj
čitati

shkumës
kreda

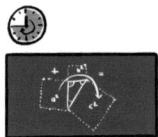

mësim
sat

regjistër
dnevnik

provim
ispit

çertifikatë
svjedodžba

uniformë shkolle
školska uniforma

arsimim
obrazovanje

enciklopedia
leksikon

universitet
sveučilište

mikroskop
mikroskop

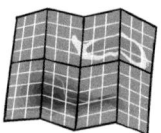

hartë
karta

kosh letrash
košara za papir

udhëtim

putovanje

hotel
hotel
Grand
bujtinë
prenoćište
ROOMS
pikë këmbimi valutor
mjenjačnica
CHANGE
valixhe
kofer
makinë
auto

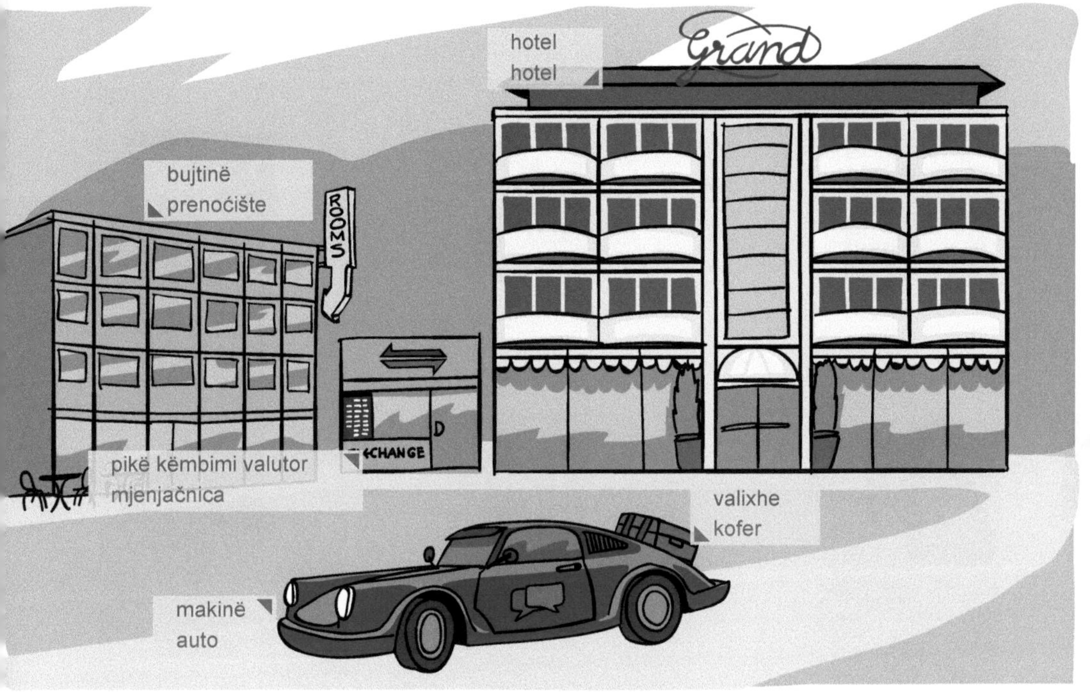

gjuhë

jezik

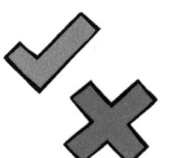

po / jo

da / ne

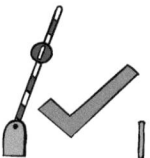

Në rregull

okay

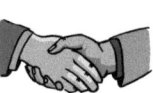

ç'kemi

zdravo

përkthyes

prevoditelj

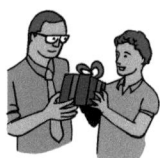

Faleminderit

hvala

sa kushton…?

Koliko košta…?

nuk e kuptoj

ne razumijem

problem

problem

Mirëmbrëma!

dobro veče!

Mirëmëngjes!

Dobro jutro!

Natën e mirë!

Laku noć!

mirupafshim

doviđenja

drejtim

smjer

bagazhet

prtljaga

çantë

torba

çantë shpine

ruksak

mysafir

gost

dhomë

soba

thes gjumi

vreća za spavanje

tendë

šator

informacion për turistët

turističke informacije

plazh

plaža

kartë krediti

kreditna kartica

mëngjes

doručak

drekë

ručak

darkë

večera

Biletë

karta za vožnju

ashensor

dizalo

pulla

poštanska markica

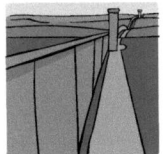

kufi

granica

doganë

carina

ambasadë

ambasada

vizë

viza

pasaportë

putovnica

transport
transport

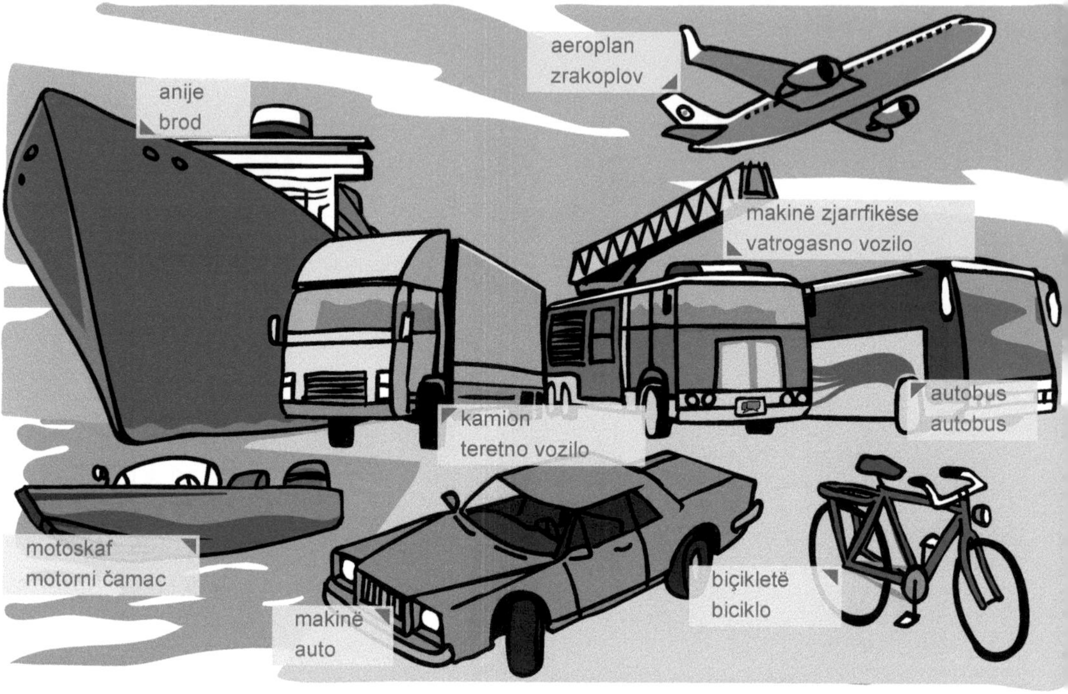

aeroplan
zrakoplov
anije
brod
makinë zjarrfikëse
vatrogasno vozilo
autobus
autobus
kamion
teretno vozilo
motoskaf
motorni čamac
biçikletë
biciklo
makinë
auto

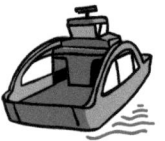

traget

trajekt

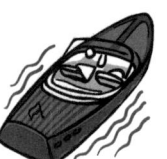

varkë

čamac

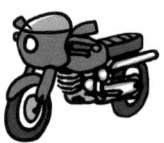

motoçikletë

motocikl

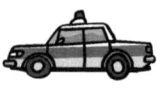

makinë policie

policijski auto

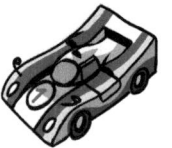

makinë garash

trkaći auto

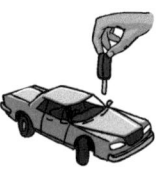

makinë me qira

iznajmljeno auto

ndarje e qirasë së makinës

dijeljenje automobila

karroatrec

vučno vozilo

makinë plehrash

vozilo za odvoz smeća

motor

motor

benzinë

benzin

pikë karburanti

benzinska postaja

sinjalistikë trafiku

prometni znak

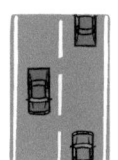

trafik

promet

bllokim trafiku

zastoj

parkim makinash

parkiralište

stacion treni

kolodvor

trase

šine

tren

vlak

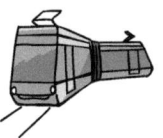

tramvaj

tramvaj

karro

vagon

helikopter
helikopter

aeroport
zrakoplovna luka

kullë
toranj

pasagjer
putnik

kontenier
kontejner

kuti kartoni
karton

qerre
kolica

shportë
košara

ngrihem / ulem
uzletjeti / sletjeti

qytet

grad

fshat
selo

qendra e qytetit
centar grada

shtëpi
kuća

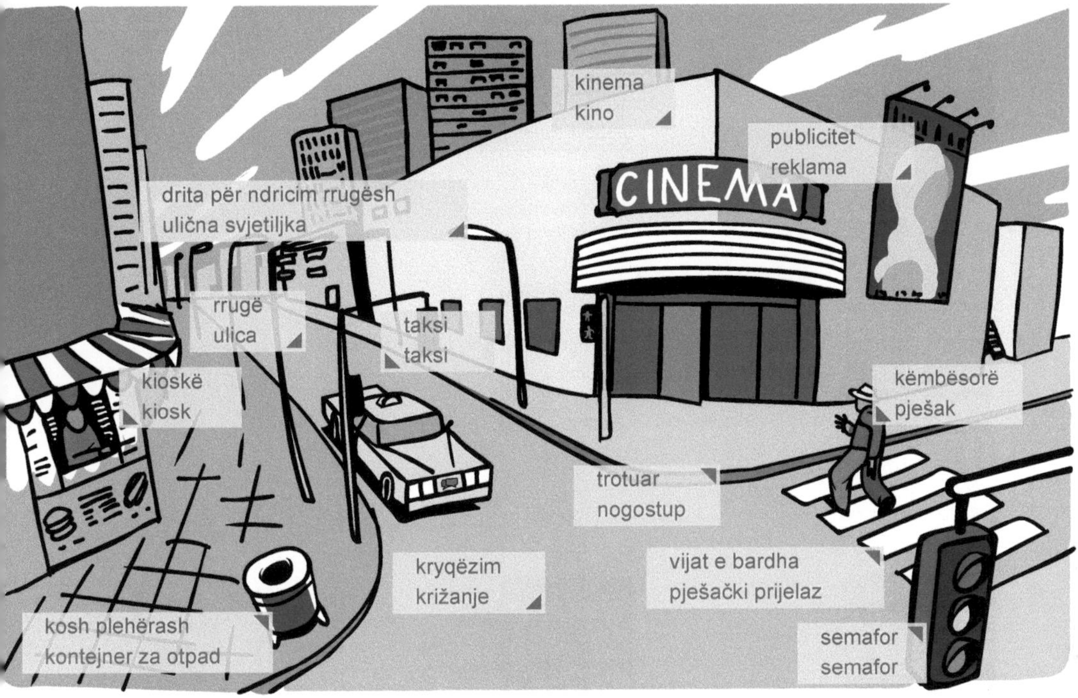

kinema
kino

publicitet
reklama

drita për ndricim rrugësh
ulična svjetiljka

rrugë
ulica

taksi
taksi

kioskë
kiosk

këmbësorë
pješak

trotuar
nogostup

kryqëzim
križanje

vijat e bardha
pješački prijelaz

kosh plehërash
kontejner za otpad

semafor
semafor

kasolle
koliba

apartament
stan

stacion treni
kolodvor

bashki
vijećnica

muze
muzej

shkolla
škola

qytet - grad

universitet

sveučilište

bankë

banka

spital

bolnica

hotel

hotel

farmaci

ljekarna

zyrë

ured

librari

knjižara

dyqan

prodavaonica

dyqan lulesh

cvjećara

supermarket

supermarket

market

trg

mapo

robna kuća

dyqan peshku

ribarnica

qëndër tregtare

trgovački centar

port

luka

park
park

stol
klupa

urë
most

shkallë
stepenice

metro
podzemna željeznica

tunel
tunel

stacion autobuzi
autobusna stanica

bar
bar

restorant
restoran

kuti postare
poštansko sanduče

sinjalistikë rrugore
ulični znak

kohëmatës parkimi
parkirni sat

kopsht zoologjik
zoološki vrt

pishinë
bazen

xhami
džamija

fermë
seosko gazdinstvo

ndotje
zagađenje okoliša

varrezë
groblje

kishë
crkva

shesh lojërash
igralište

tempull
hram

peisazh
krajolik

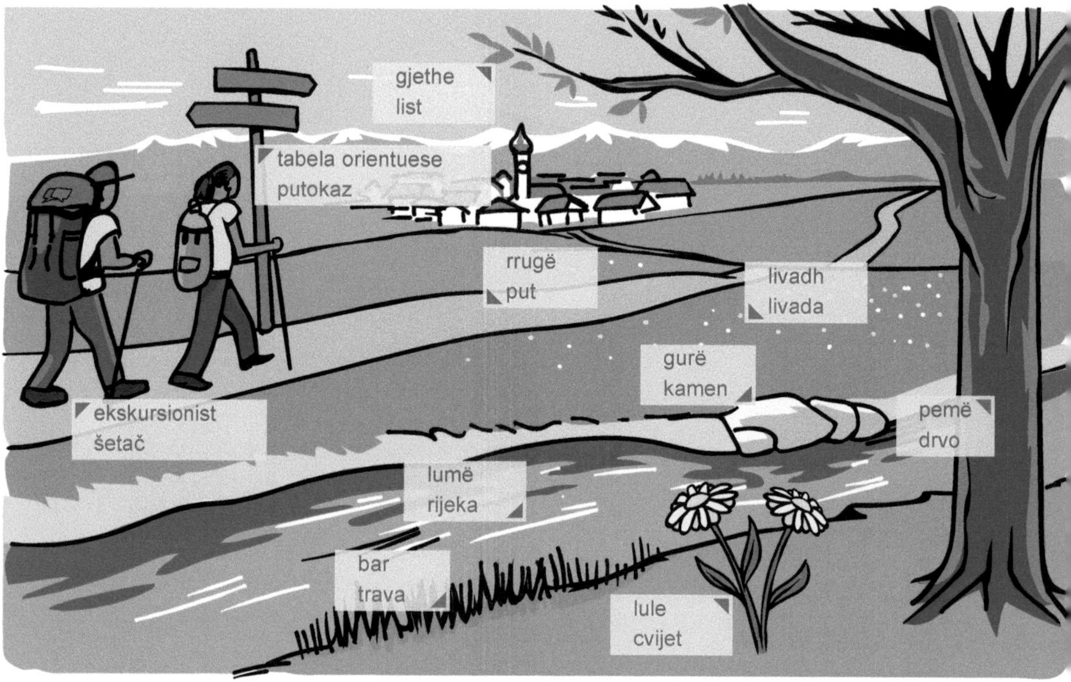

gjethe
list

tabela orientuese
putokaz

rrugë
put

livadh
livada

gurë
kamen

ekskursionist
šetač

pemë
drvo

lumë
rijeka

bar
trava

lule
cvijet

luginë
dolina

kodër
planina

liqen
jezero

pyll
šuma

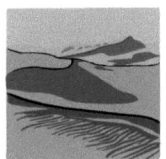

shkretëtirë
pustinja

vullkan
vulkan

kështjellë
dvorac

ylber
duga

kepudhë
gljiva

palmë
palma

mushkonjë
moskito

mizë
muha

milingonë
mrav

bletë
pčela

merimangë
pauk

peisazh - krajolik

15

brumbull

buba

bretkosë

žaba

ketër

vjeverica

iriq

jež

lepur

zec

buf

sova

zog

ptica

mjellmë

labud

derr i egër

divlja svinja

dre

jelen

dre brilopatë

los

digë

nasip

turbinë ere

vjetrenjača

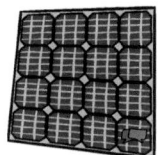

panel diellor

solarna ploča

klimë

klima

restorant

restoran

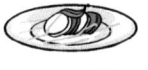

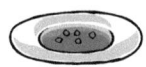

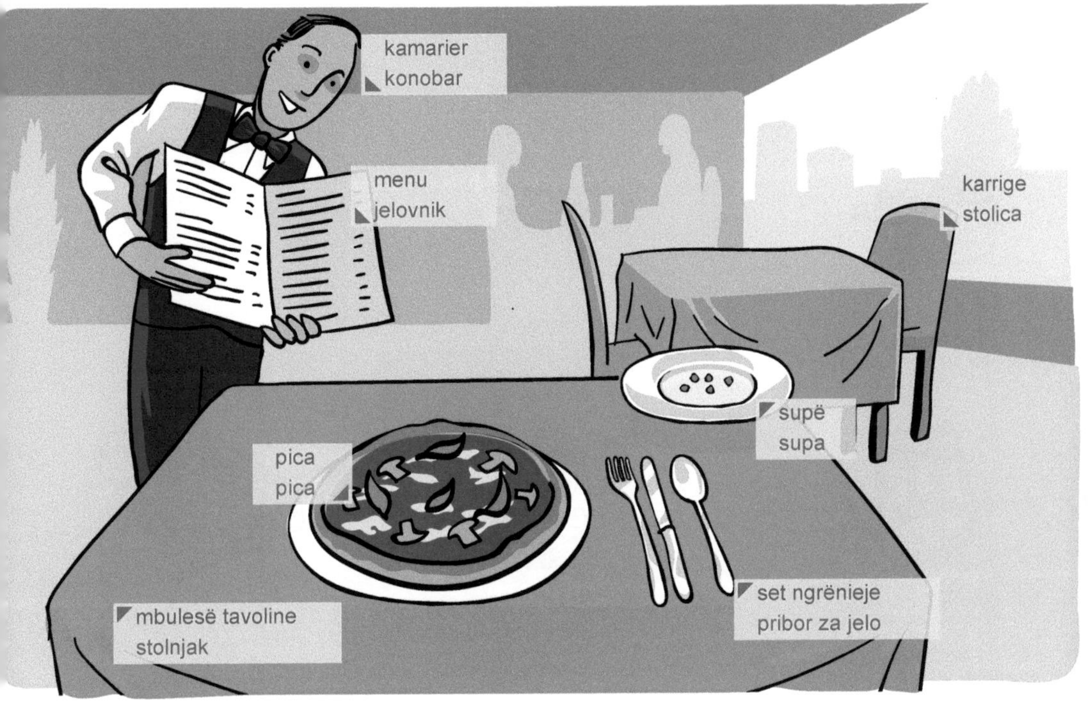
kamarier
konobar
menu
jelovnik
karrige
stolica
supë
supa
pica
pica
mbulesë tavoline
stolnjak
set ngrënieje
pribor za jelo

pjatë e parë

predjelo

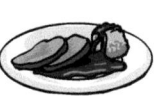

pjatë kryesore

glavno jelo

ëmbëlsirë

desert

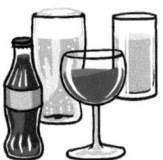

pije

napitci

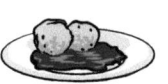

ushqim

jelo

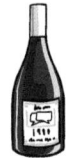

shishe

boca

ushqim i shpejtë

fastfood

ushqim i shërbyer në rrugë

imbis hrana

ibrik çaji

čajnik

kuti sheqeri

doza za šećer

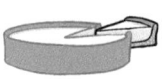

racion

porcija

makinë kafeje ekspres

aparat za espresso

karrige e lartë

visoka stolica

faturë

račun

tabaka

pladanj

thika

nož

pirun

vilica

lugë

žlica

lugë çaji

čajna žlica

pecetë

ubrus

gotë

čaša

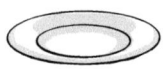

pjatë

tanjur

pjatë supe

tanjur za supu

pjatë filxhani

tanjurić

salcë

sos

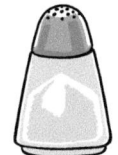

mbajtëse kripe

soljenka

mulli piperi

mlin za biber

uthull

ocat

vaj

ulje

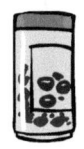

erëza

začini

keçap

kečap

mustardë

senf

majonezë

majoneza

supermarket

supermarket

ofertë speciale
ponuda
FOR
klient
kupac
produkte bulmeti
mliječni proizvodi
frut
voće
karrocë pazari
kolica za kupnju

BUTCHERS

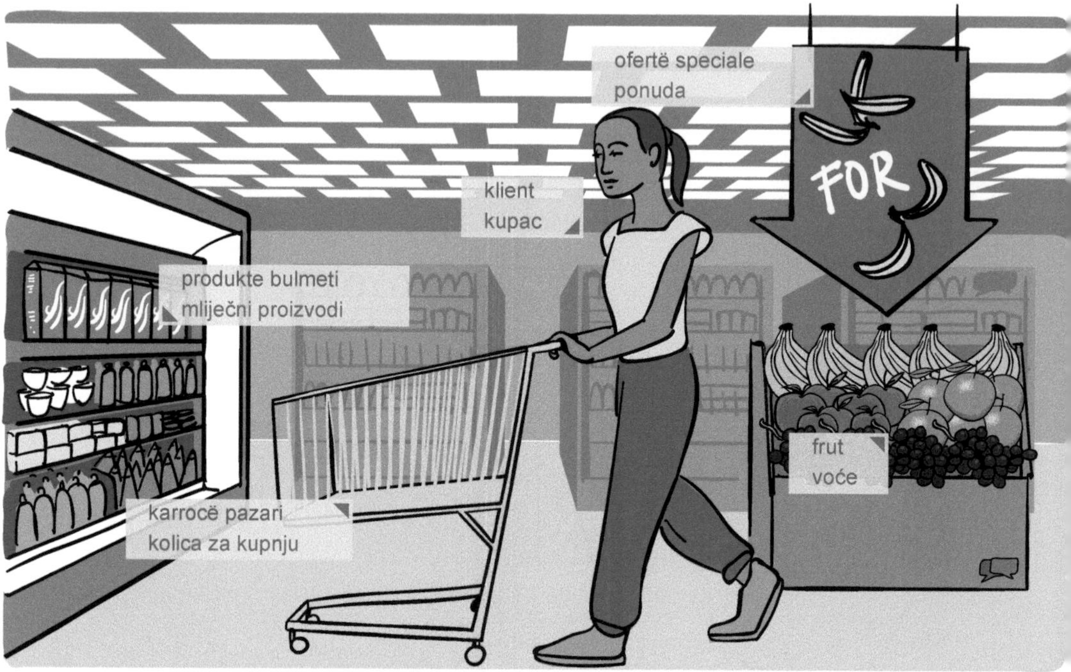

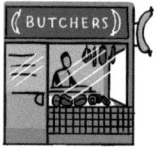

dyqan mishi

mesnica

BAKERY

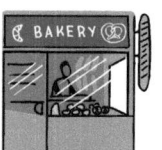

furrë buke

pekarnica

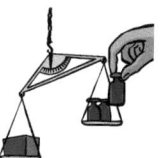

peshoj

vagati

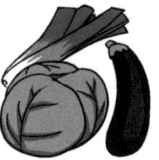

perime

povrće

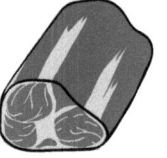

mish

meso

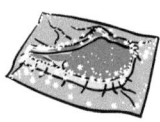

ushqim i ngrirë

duboko smrznuta hrana

copë
narezak

ushqim i konservuar
konzerve

pluhur larës
sredstvo za pranje

ëmbëlsirat
slatkiši

prodhime shtëpie
artikli za domaćinstvo

produkte pastrimi
sredstva za čišćenje

shitëse
prodavačica

kasë fiskale
blagajna

arkëtar
blagajnik

listë blerjeje
lista za kupnju

oraret e punës
vrijeme rada

portofol
novčanik

kartë krediti
kreditna kartica

çantë
torba

qese plastike
plastična vrećica

ujë
voda

lëng frutash
sok

qumësht
mlijeko

koka-kola
cola

verë
vino

birrë
pivo

alkool
alkohol

kakao
kakao

çaj
čaj

kafe
kava

kafe ekspres
espresso

kapuçino
cappuccino

banane

banana

mollë

jabuka

portokalle

naranča

pjepër

lubenica

limon

limun

karrotë

mrkva

hudhër

češnjak

bambu

bambus

qepë

luk

kërpudha

gljiva

arra

orašasti plodovi

makarona

rezanci

spageti

špagete

oriz

riža

sallatë

salata

patate të skuqura

pomfrit

patate të skuqura

pečeni krumpir

pica

pica

hamburger

hamburger

sanduiç

sendvič

shnicel

šnicla

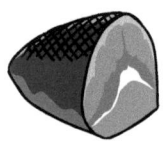

proshutë

pršut

sallam

salama

salçiçe

kobasica

pulë

kokoš

skuq

pečenje

peshk

riba

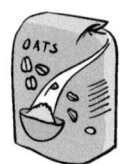

tërshërë

zobene pahuljice

drithëra

musli

kornfleiks

kukuruzne pahuljice

miell

brašno

kruasant

roščić

panine

pecivo

bukë

kruh

tost

toast

biskotë

keksi

gjalp

maslac

gjizë

svježi sir

tortë

kolač

vezë

jaje

vezë sy

jaje na oko

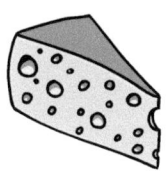

djathë

sir

akullore

sladoled

sheqer

šećer

mjaltë

med

marmaladë

marmelada

çokokrem

nugat krema

këri

curry

fermë
seosko gazdinstvo

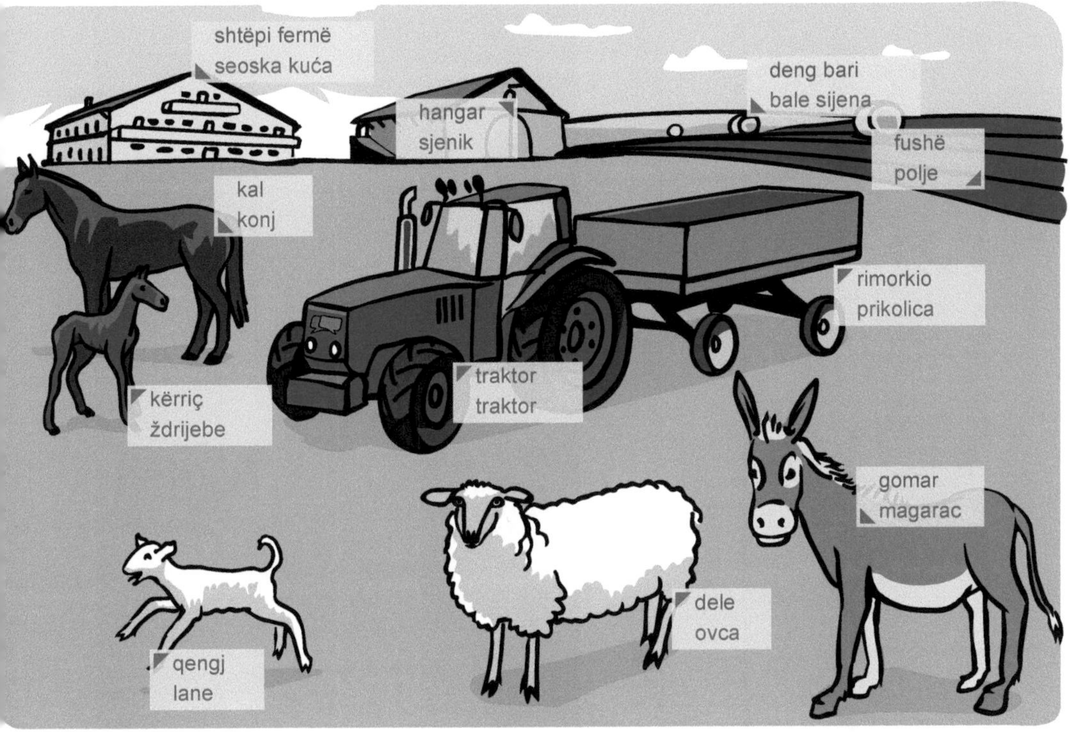
shtëpi fermë
seoska kuća
hangar
sjenik
deng bari
bale sijena
fushë
polje
kal
konj
rimorkio
prikolica
traktor
traktor
kërriç
ždrijebe
gomar
magarac
dele
ovca
qengj
lane

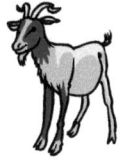

dhi

koza

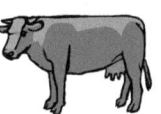

lopë

krava

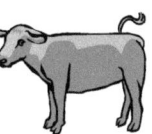

viç

tele

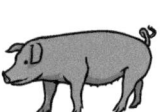

derr

svinja

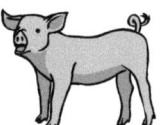

derrkuc

prase

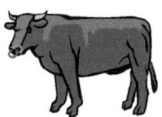

dem

bik

patë

guska

rosë

patka

zog pule

pilići

pulë

kokoš

gjel

pijetao

mi

pacov

mace

mačka

mi

miš

buall

vol

qen

pas

kolibe qeni

kućica za psa

zorrë vaditëse

vrtno crijevo

vaditëse

kanta za polijevanje

kosë

kosa

plug

plug

drapër

srp

shat

motika

kosa

vilica za gnojivo

sëpatë

sjekira

karrocë

tačke

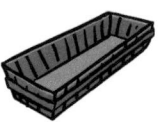

govatë

korito

bidon qumështi

posuda za mlijeko

thes

vreća

gardh

ograda

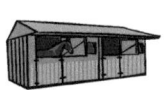

ahur

štala

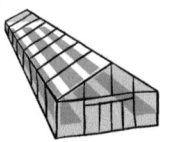

serë

staklenik

dhe

zemlja

farë

sjeme

pleh

gnojivo

autokombanjë

kombajn

korr

žanjati

te korrat

žetva

patate e ëmbël "Yam"

yams začin

grurë

pšenica

soja

soja

patate

krumpir

misër

kukuruz

raps

uljana repica

pemë frutore

voćka

zhardhok manioku

gomolj manioke

drithëra

žitarice

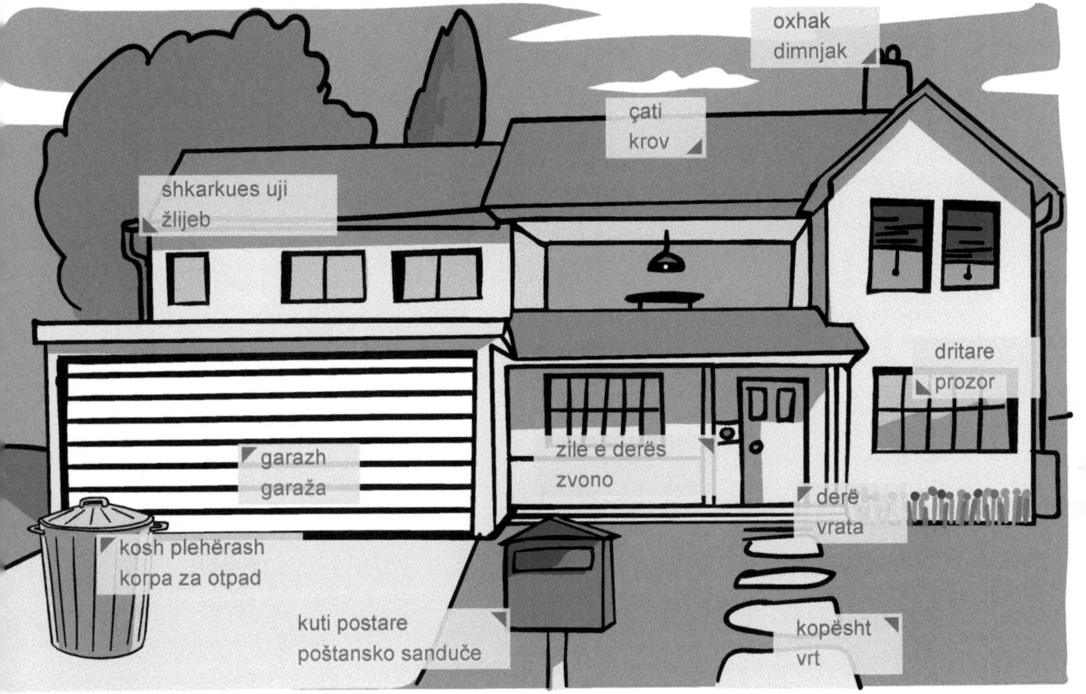

oxhak
dimnjak

çati
krov

shkarkues uji
žlijeb

dritare
prozor

garazh
garaža

zile e derës
zvono

derë
vrata

kosh plehërash
korpa za otpad

kuti postare
poštansko sanduče

kopësht
vrt

dhomë ndenjeje
....
dnevna soba

tualet
....
kupaonica

kuzhinë
....
kuhinja

dhomë gjumi
....
spavaća soba

dhomë fëmijësh
....
dječija soba

dhomë ngrënieje
....
trpezarija

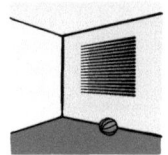

dysheme
pod

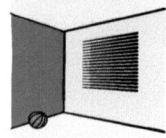

mur
zid

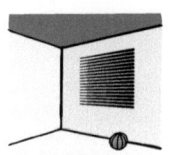

tavan
strop

bodrum
podrum

sauna
sauna

ballkon
balkon

tarracë
terasa

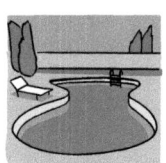

pishinë
bazen

kositëse bari
kosilica za travu

çarçaf
posteljina za krevet

kuvertë
deka za krevet

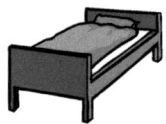

krevat
krevet

fshesë dore
metla

kovë
kanta

çelës
sklopka

dhomë ndenjeje
dnevna soba

tapiceri
tapeta
fotografi
slika
llambë
svjetiljka
raft
regal
dollap
ormar
pajisje televizive
televizija
vatër
kamin
lule
cvijet
jastëk
jastuk
divan
kauč
vazo
vaza
telekomandë
daljinski upravljač

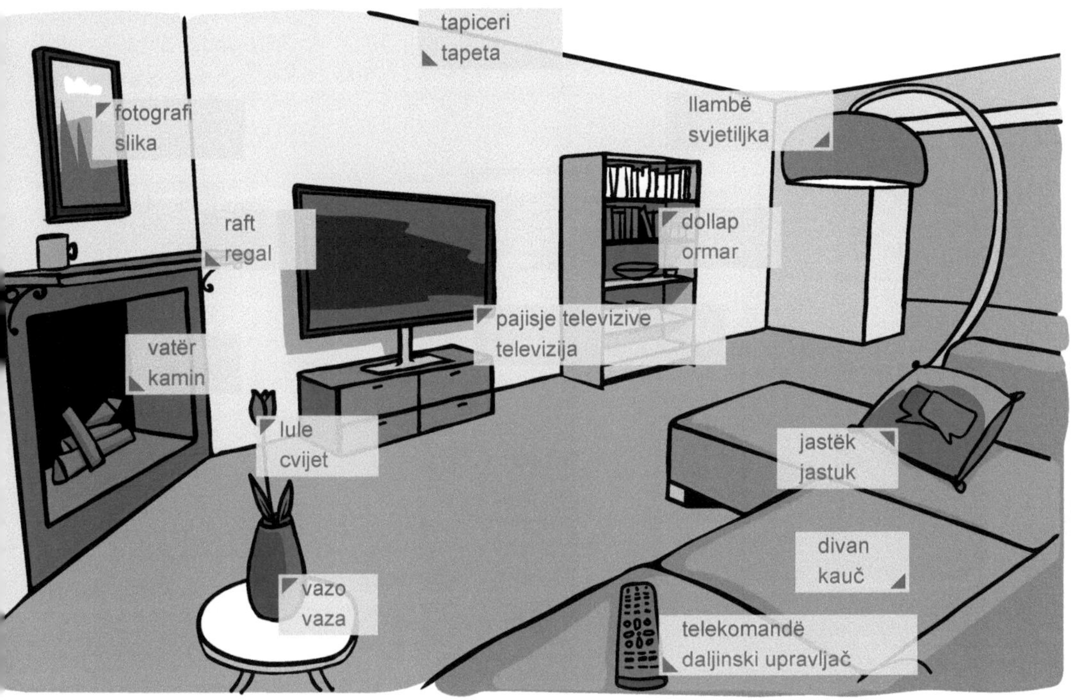

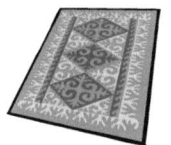

qilim
tepih

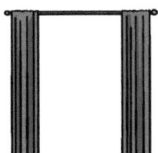

perde
zavjesa

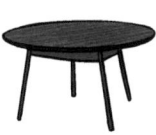

tavolinë
stol

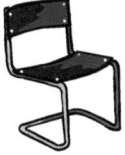

karrige
stolica

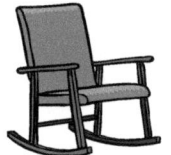

karrige lëkundëse
stolica za njihanje

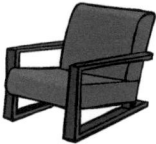

kolltuk
fotelja

libri
knjiga

batanije
deka

zbukurime
dekoracija

dru zjarri
drvo za ogrjev

film
film

stereo
stereo uređaj

çelës
ključ

gazetë
novine

pikturë
slika na platnu

afishe
poster

radio
radio

bllok shënimesh
blok za pisanje

fshesë me korent
usisavač

kaktus
kaktus

qiri
svijeća

kuzhinë
kuhinja

frigorifer
hladnjak
mikrovalë
mikrovalna pećnica
peshore kuzhine
kuhinjska vaga
toster
toaster
detergjent
sredstvo za čišćenje
furrë
pećnica
ngrirës
pretinac za zamrzavanje
kosh plehërash
korpa za otpad
lavastovilje
perilica za suđe

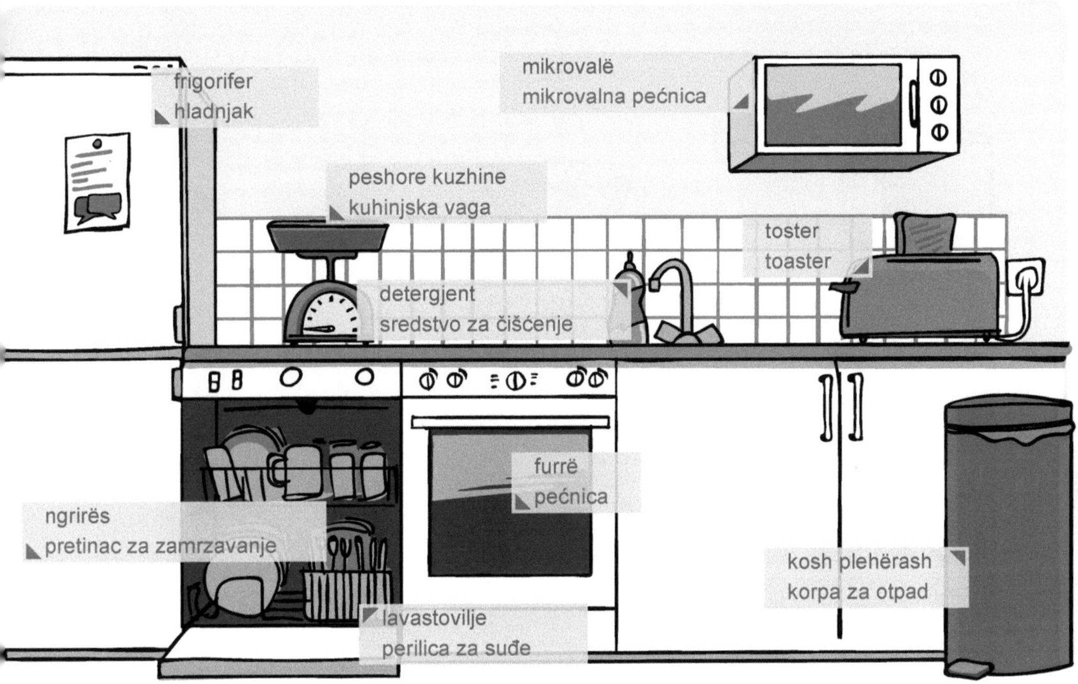

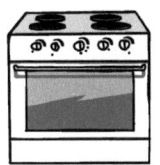

sobë

štednjak

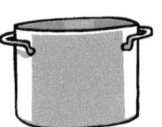

tenxhere

lonac

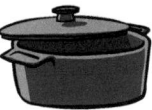

tenxhere me kapak

željezni lonac

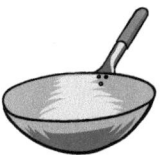

tigan special (Wok)

wok / kadai

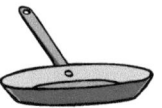

tigan

tava

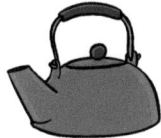

çajnik

kuhalo za vodu

tenxhere me avull

kuhalo na paru

tavë pjekjeje

lim za pečenje

enë

posuđe

filxhan

čaša

tas

zdjela

shkopinj

štapići za jelo

garuzhde

kutljača

spatul

lopatica

tel kuzhine

pjenjača

kulluese

sito za kuhanje

sitë

sito

rende

ribež

havan

mužar

skarë

roštilj

zjarr

ognjište

dërrasë për prerje

daska

okllai

oklagija

heqëse tapash

vadičep

kanaçe

konzerva

hapëse kanaçeje

otvarač konzervi

rrobë për të kapur tenxheren

krpa za lonac

lavaman

sudoper

furçë

četka

sfungjer

spužva

përzjerës

mikser

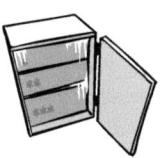

ngrirës

zamrzivač

biberon për lëngje

bočica za bebe

rubinet

slavina za vodu

kuzhinë - kuhinja

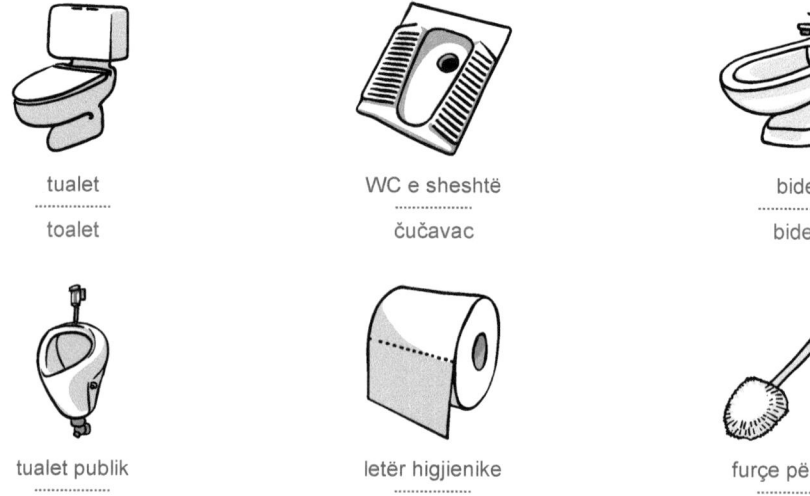

tualet
kupaonica

ngrohje
grijanje
dush
tuš
peshqirë
ručnik
perde dushi
zavjesa za tuš
vaskë me shkumë
pjenušava kupka
vaskë
kada
gotë
čaša
lavatriçe
perilica za rublje
rubinet
slavina za vodu
pllaka
pločice
oturak
dječja kahlica
lavaman
sudoper

tualet

toalet

WC e sheshtë

čučavac

bide

bidet

tualet publik

pisoar

letër higjienike

papir za toalet

furçe për WC

četka za toalet

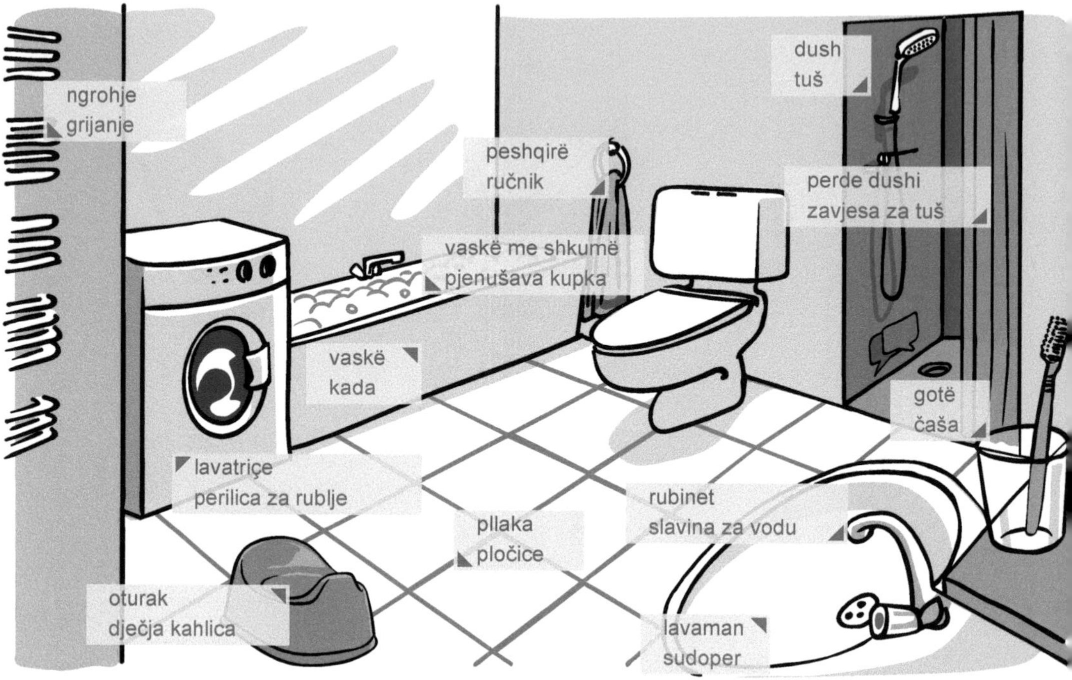

furçë dhëmbësh

çetkica za zube

pastë dhëmbësh

pasta za zube

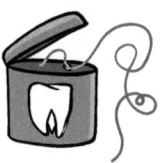

fije dentare

konac za zube

laj

prati

dorezë dushi

tuš ručica

larës për zonën intime

tuš za pranje intimnih dijelova

legen

lavor

furçë për masazh shpine

çetka za pranje leđa

sapun

sapun

shampo trupi

gel za tuširanje

shampo

šampon

leckë pastruese

krpa za pranje

kullues

odvod

krem

krema

antidjersë

dezodorans

pasqyrë

ogledalo

pasqyrë dore

kozmetičko ogledalo

brisk rroje

brijač

shkumë rroje

pjena za brijanje

locion pas rrojes

losion za poslije brijanja

krehër

češalj

furçë

četka

tharëse flokësh

sušilo za kosu

llak për flokët

sprej za kosu

grim

makeup

buzëkuq

ruž za usne

manikyr

lak za nokte

mbushje pambuku

vata

gërshërë për thonj

škare za nokte

parfum

parfem

çantë për sendet personale

neseser

Stol

stolica

peshore

vaga

robëdëshambër

ogrtač

dorashka gome

rukavice za čišćenje

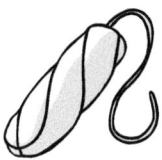

tampon

tampon

peceta higjienike

uložak

tualet I lëvizshëm

kemijski toalet

dhomë fëmijësh

dječija soba

orë me zile
budilnik
lodra me pellushë
plišana igračka
makinë lodër
auto igračka
rraketake
zvečka
shtëpi kukullash
kućica za lutke
dhuratë
poklon

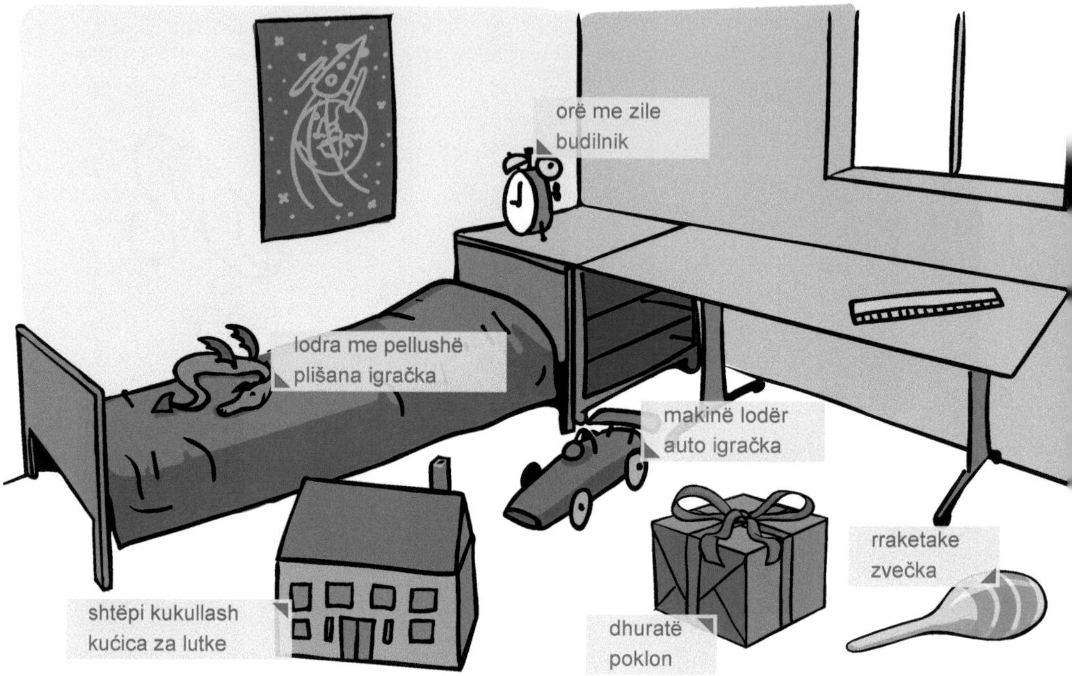

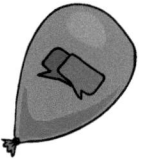

tollumbace

balon

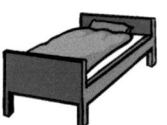

krevat

krevet

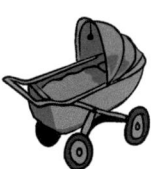

karrocë fëmijësh

dječija kolica

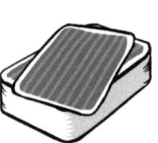

lojë me letra

igra s kartama

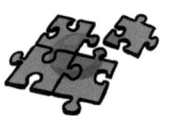

bashkim pjesësh me figura

slagalica

SUPER
MEGA

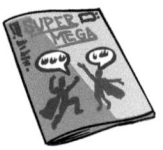

komik

strip

formuese lodër

lego kockice

kuba plastikë

kockice za slaganje

lodra

akcioni junak

badi

kombinezon za bebe

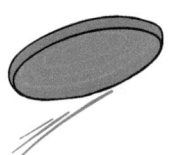

frizbi

frizbi

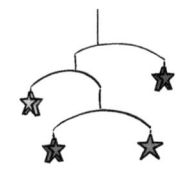

lodra të varura tek krevati i fëmijëve

viseće igračke

tavolinë lojërash

društvene igre

zare

kocka

model treni

minijaturna željeznica

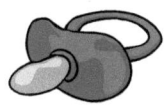

biberon

duda

festë

tulum

libër me ilustrime

slikovnica

top

lopta

kukull

lutka

luaj

igrati

grumbull rëre

pjeshčanik

kolovarëse

ljuljačka

lodra

igračka

leva për lojra video

konzola za igre

triçikël

tricikl

arush prej pellushi

plišani medo

garderobë

ormar

veshje

odjeća

çorape

kratke čarape

çorape të gjata

čarape

geta

hulahopke

shall
šal

rrip
kaiš

çadër
kišobran

bluzë pa jakë
t-shirt

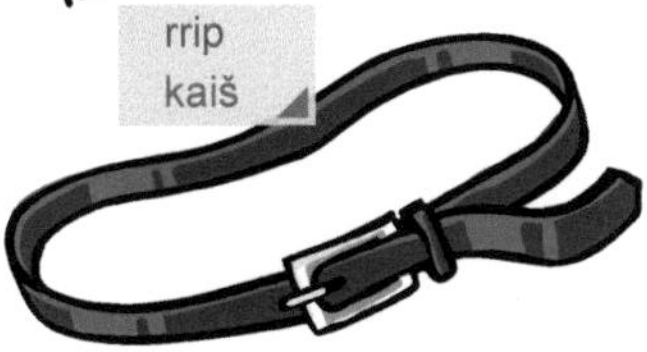

çizme
čizme

pantofla
papuče

atlete
patike

sandale
....
sandale

këpucë
....
cipele

çizme llastiku
....
gumene čizme

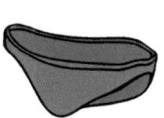

të mbathura
....
gaćice

reçipeta
....
grudnjak

kanotierë
....
potkošulja

veshje - odjeća   45

trup

bodi

pantallona

hlače

xhinse

džins

fund

haljina

bluzë

bluza

këmishë

košulja

pulovër

džemper

triko

pulover s kapuljačom

xhaketë

blejzer

xhaketë

jakna

pallto

kaput

mushama shiu

kabanica

kostum

kostim

fustan

haljina

fustan nusërie

vjenčanica

kostum

odijelo

këmishë nate

spavaćica

pizhama

pidžama

sari (veshje tradicionale indiane)

sari

shami koke

rubac

çallmë

turban

veshje për femrat e besimit musliman

burka

kaftan (lloj veshjeje tradicionale)

kaftan

ferexhe

abaja

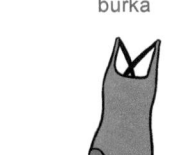

kostum banje

kupaći kostim

rroba banje

kupaće gaćice

pantallona të shkurtra

kratke hlače

tuta sporti

odjeća za trening

përparëse

pregača

dorashka

rukavice

kopsë
gumb

syze
naočale

byzylyk
narukvica

gjerdan
ogrlica

unazë
prsten

vath
naušnica

kapuç
kapa

varëse për pallto
vješalica

kapele
šešir

kravatë
kravata

zinxhir
patent zatvarač

helmetë
kaciga

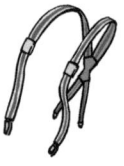

tiranda
naramenice

uniformë shkolle
školska uniforma

uniformë
uniforma

gushore
....
podbradak

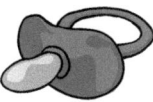

biberon
....
duda

pelenë
....
pelena

zyrë
ured

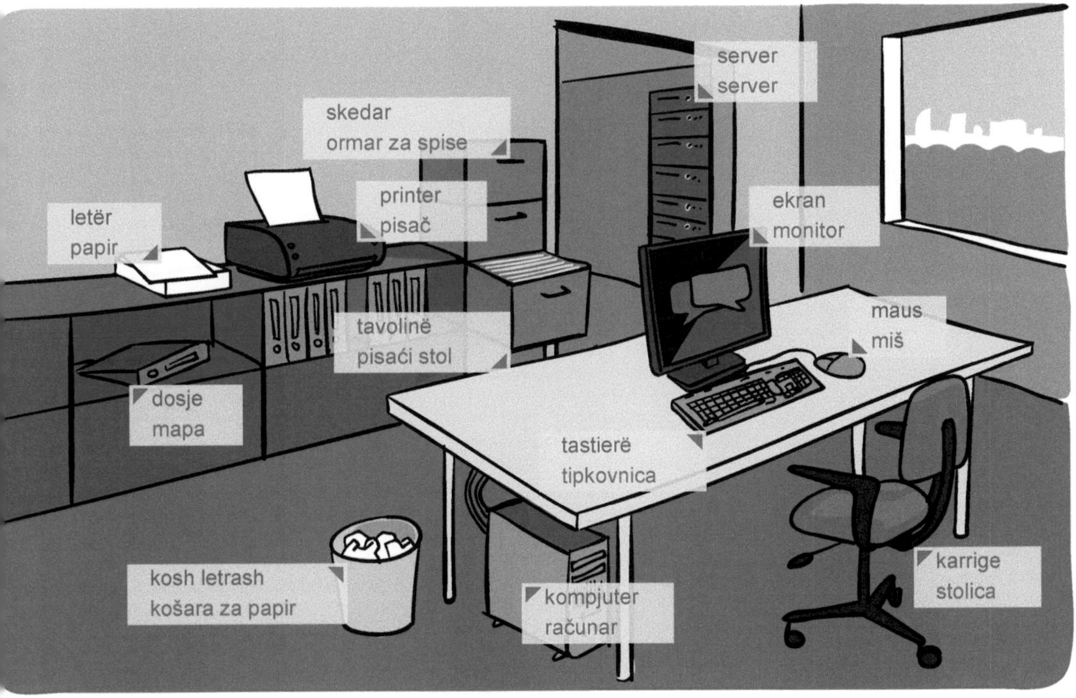

server
server

skedar
ormar za spise

printer
pisač

ekran
monitor

letër
papir

maus
miš

tavolinë
pisaći stol

dosje
mapa

tastierë
tipkovnica

kosh letrash
košara za papir

kompjuter
računar

karrige
stolica

filxhan kafeje
....
šalica za kavu

makinë llogaritëse
....
kalkulator

internet
....
internet

kompjuter portativ
laptop

letër
pismo

mesazh
poruka

telefon
mobilni telefon

rrjet
mreža

fotokopje
uređaj za kopiranje

program
softver

telefon
telefon

prizë
utičnica

pajisje faksi
faks

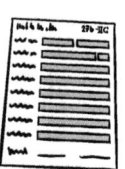

formular
obrazac

dokument
dokument

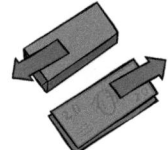

blej

kupovati

paguaj

platiti

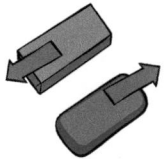

tregtoj

trgovati

para

novac

dollar

dolar

euro

euro

jen

jen

rubla

rubalj

franga zvicerane

švicarski franak

juani kinez

renmindbi yuan

rupje

rupija

bankomat

automat za novac

pikë këmbimi valutor

mjenjačnica

ar

zlato

argjend

srebro

nafta

nafta

energji

energija

çmim

cijena

kontratë

ugovor

taksë

porez

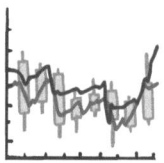

aksione

dionica

punoj

raditi

punonjës

službenik

punëdhënës

poslodavac

fabrikë

tvornica

dyqan

prodavaonica

profesionet

zanimanja

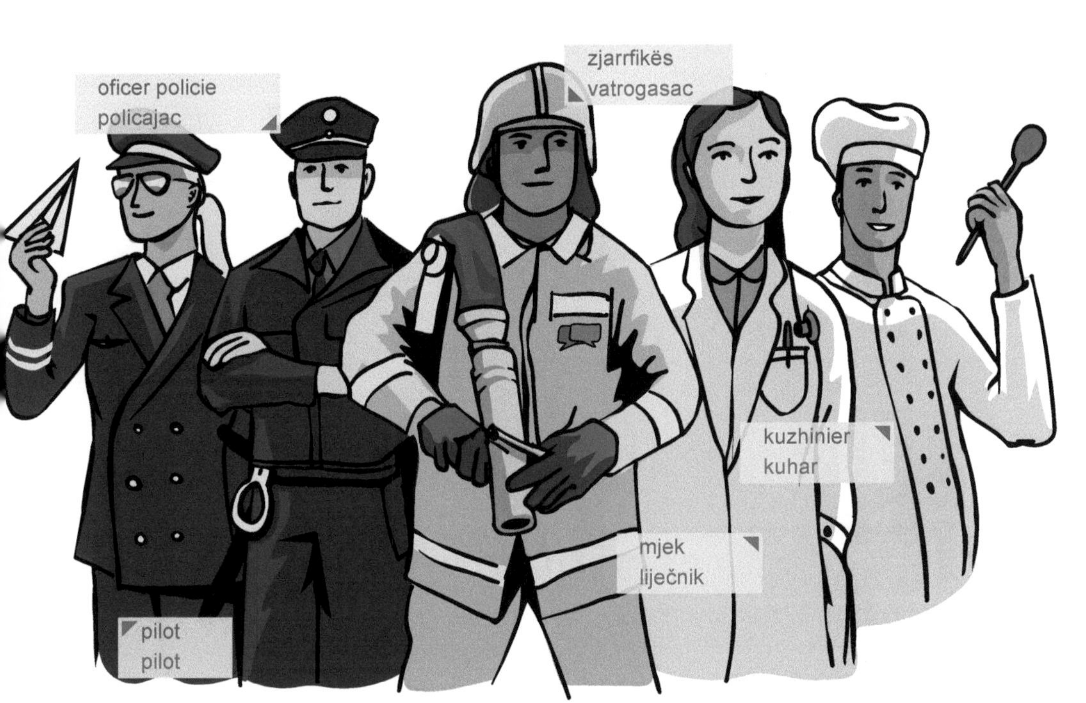
oficer policie
policajac
zjarrfikës
vatrogasac
kuzhinier
kuhar
mjek
liječnik
pilot
pilot

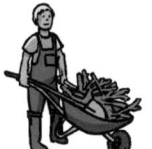

kopshtar

vrtlar

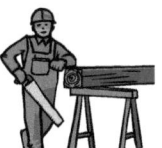

marangoz

stolar

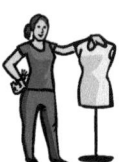

rrobaqepëse

krojačica

gjykatës

sudija

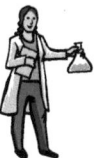

kimist

kemičar

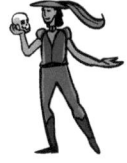

aktor

glumac

shofer autobuzi

vozač autobusa

taksist

vozač taksija

peshkatar

ribar

pastruese

čistačica

riparues çatish

krovopokrivač

kamarier

konobar

gjuetar

lovac

piktor

slikar

furrxhi

pekar

elektriçist

električar

ndërtues

građevinski radnik

inxhinier

inženjer

kasap

mesar

hidraulik

limar

postieri

poštar

ushtar

vojnik

arkitekt

arhitekta

arkëtar

blagajnik

luleshitës

cvjećar

berber

frizer

kontrollor

kondukter

mekanik

mehaničar

kapiten

kapetan

dentist

zubar

shkencëtar

znanstvenik

rabin

rabi

imam

imam

murg

monah

klerik

svećenik

mjete
alati

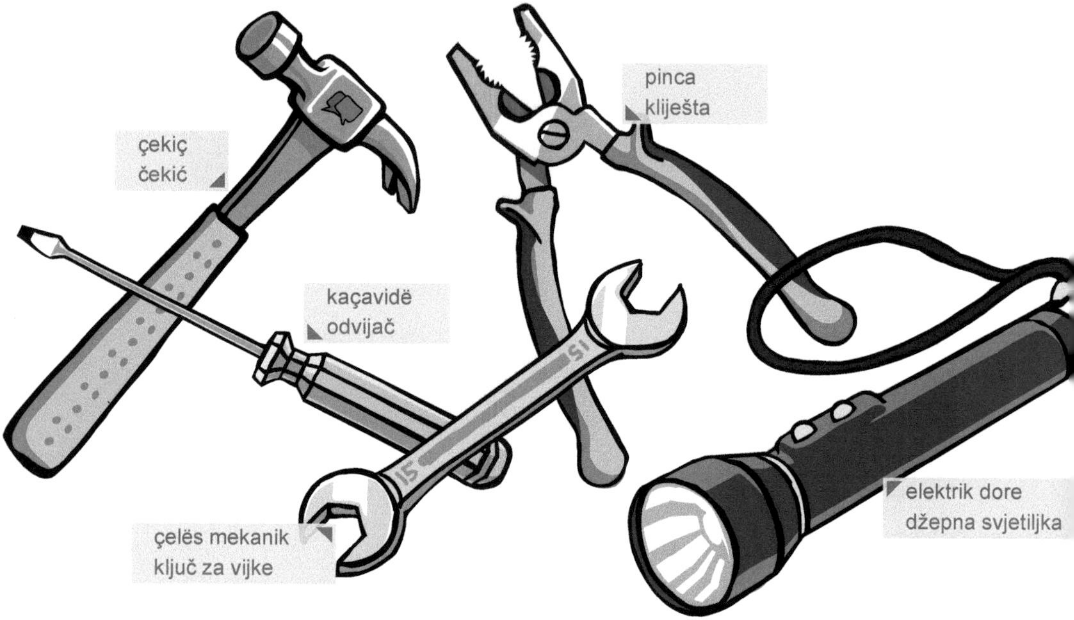

çekiç
čekić
pinca
kliješta
kaçavidë
odvijač
çelës mekanik
ključ za vijke
elektrik dore
džepna svjetiljka

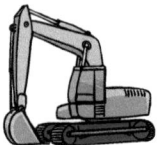

ekskavator

rovokopač

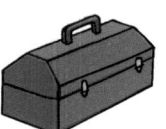

kuti veglash

kutija za alat

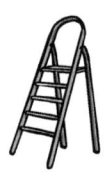

shkallë

ljestve

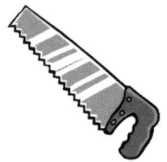

sharrë

pila

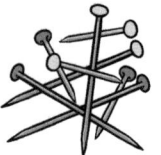

gozhdë

ekser

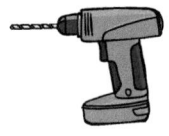

trapan

bušilica

riparoj
popraviti

lopatë
lopata

Dreq!
Sranje!

kaci
lopatica

kuti boje
lonac za boju

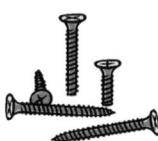

vidhë
vijci

instrumenta muzikorë
glazbeni instrument

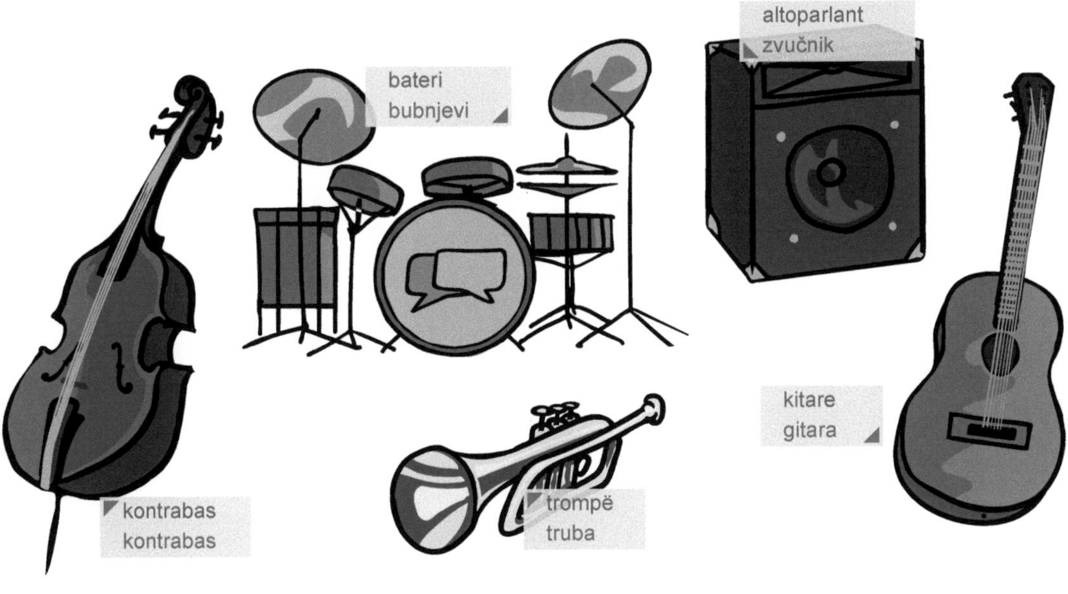

bateri
bubnjevi

altoparlant
zvučnik

kitare
gitara

kontrabas
kontrabas

trompë
truba

piano
klavir

violinë
violina

bas
bas

tamburë
timpani

daulle
udaraljke za bubnjeve

tastierë pianoje
keyboard

saksofon
saksofon

flaut
flauta

mikrofon
mikrofon

instrumenta muzikorë - glazbeni instrument

kopsht zoologjik

zoološki vrt

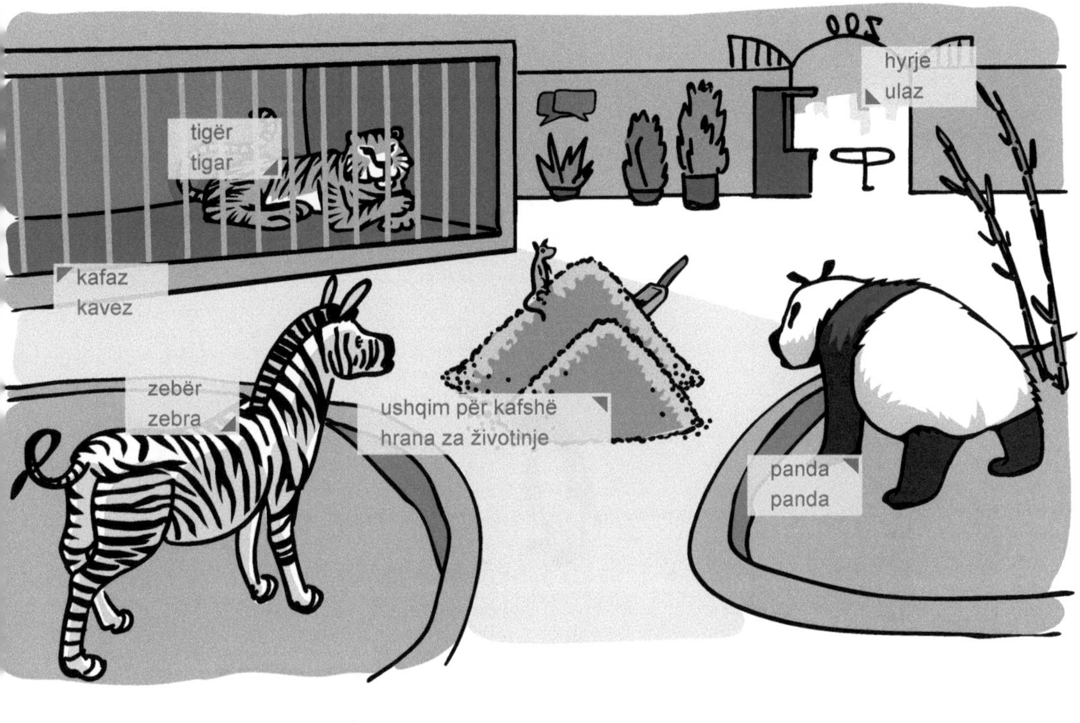
hyrje
ulaz
tigër
tigar
kafaz
kavez
zebër
zebra
ushqim për kafshë
hrana za životinje
panda
panda

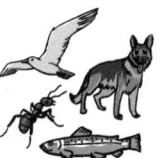

kafshë

životinje

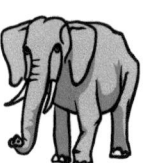

elefant

slon

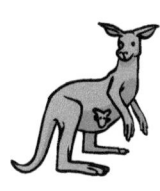

kangur

kengur

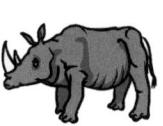

rinoceront

nosorog

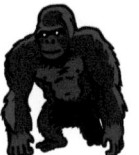

gorillë

gorila

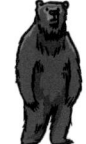

ari

medvjed

deve

kamila

struc

noj

luan

lav

majmun

majmun

flamingo

flamingo

papagall

papagaj

ari polar

polarni medvjed

pinguin

pingvin

peshkaqen

ajkula

pallua

paun

gjarpër

zmija

krokodil

krokodil

punonjës i kopshtit zoologjik

čuvar u zoološkom vrtu

fokë

tuljan

xhaguar

jaguar

poni

poni

leopard

leopard

hipopotam

nilski konj

gjirafë

žirafa

shqiponjë

orao

derr i egër

divlja svinja

peshk

riba

breshkë

kornjača

lopë deti

morž

dhelpër

lisica

gazelë

gazela

futboll amerikan
američki nogomet

çiklizëm
biciklizam

tenis
tenis

basketboll
košarka

not
plivanje

boks
boks

hokej mbi akull
hockey na ledu

futboll
nogomet

badminton
badminton

atletikë
atletika

hendboll
rukomet

ski
skijanje

polo
polo

qesh
smijati se

hidhem
skočiti

përqafoj
zagrliti

këndoj
pjevati

eci
ići

ëndërroj
sanjati

lutem
moliti se

puth
poljubiti

shkruaj
pisati

vizatoj
crtati

tregoj
pokazati

shtyj
gurati

jap
dati

marr
uzeti

kam
imati

bëj
činiti

jam
biti

qëndroj
stojati

vrapoj
trčati

tërheq
povlačiti

hedh
baciti

bie
padati

shtrihem
ležati

pres
čekati

mbaj
nositi

ulem
sjediti

vishem
oblačiti

fle
spavati

zgjohem
probuditi se

shikoj

gledati

qaj

plakati

përkëdhel

milovati

kreh

češljati

bisedoj

govoriti

kuptoj

razumjeti

kërkoj

pitati

dëgjoj

slušati

pi

piti

ha

jesti

sistemoj

pospremiti

dashuroj

voljeti

gatuaj

kuhati

drejtoj makinën

voziti

fluturoj

letjeti

lundroj

ploviti

llogaris

računati

lexoj

čitati

mësoj

učiti

punoj

raditi

martohem

vjenčati se

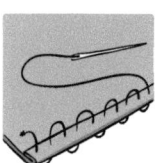

qep

šiti

laj dhëmbët

prati zube

vras

ubiti

tymos

pušiti

dërgoj

poslati

gjyshe
baka

gjysh
djed

baba
otac

nënë
majka

bebe
beba

vajzë
kćerka

djalë
sin

mysafir

gost

teze, hallë

tetka

dajë, xhaxha

ujak, stric

vëlla

brat

motër

sestra

trupi

tijelo

balli
čelo
syri
oko
fytyra
lice
mjekra
brada
krahërori
grudi
shpatulla
rame
gishti
prst
dora
ruka
këmba
noga
krahu
ruka

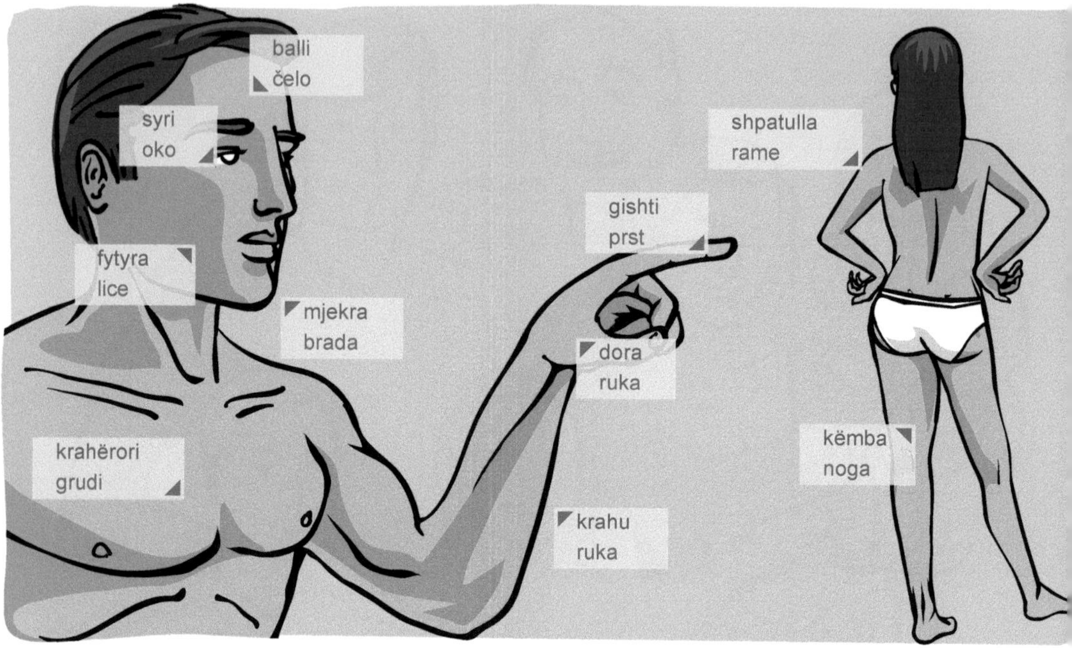

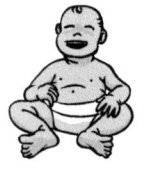

bebe

beba

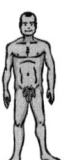

burrë

muškarac

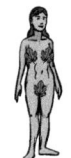

grua

žena

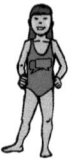

vajzë

djevojčica

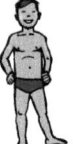

djalë

dječak

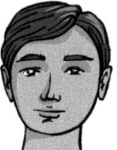

koka

glava

shpina

leđa

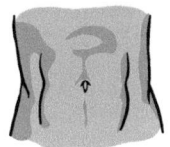

barku

trbuh

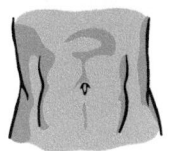

kërthiza

pupak

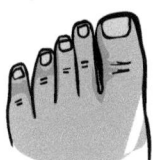

gisht këmbe

nožni prst

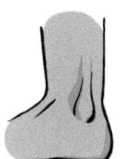

Thembra

peta

kockë

kost

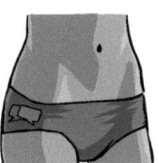

legeni

kuk

gjuri

koljeno

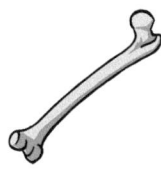

bërryli

lakat

hunda

nos

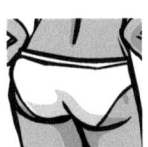

vithe

stražnjica

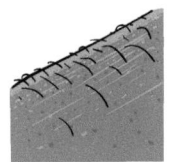

lëkura

koža

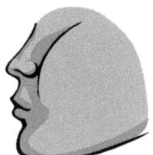

faqja

obraz

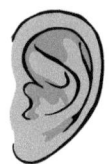

veshi

uho

buza

usna

goja

usta

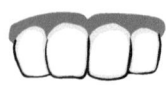

dhëmbët

zub

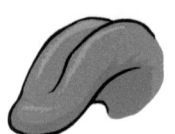

gjuha

jezik

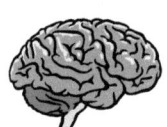

truri

mozak

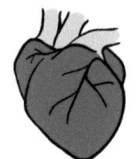

zemra

srce

muskul

mišić

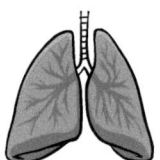

mushkëria

pluća

mëlçia

jetra

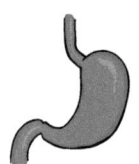

stomaku

želudac

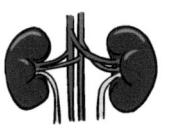

veshka

bubrezi

seks

snošaj

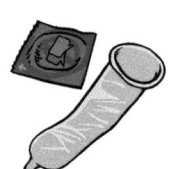

prezervativ

kondom

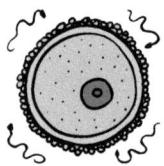

veza

jajna stanica

sperma

sperma

shtatëzani

trudnoća

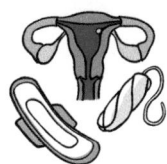

menstruacione

menstruacija

vagina

vagina

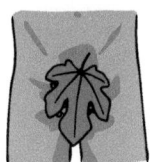

penis

penis

vetulla

obrva

flokët

kosa

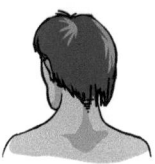

qafa

vrat

spital
bolnica

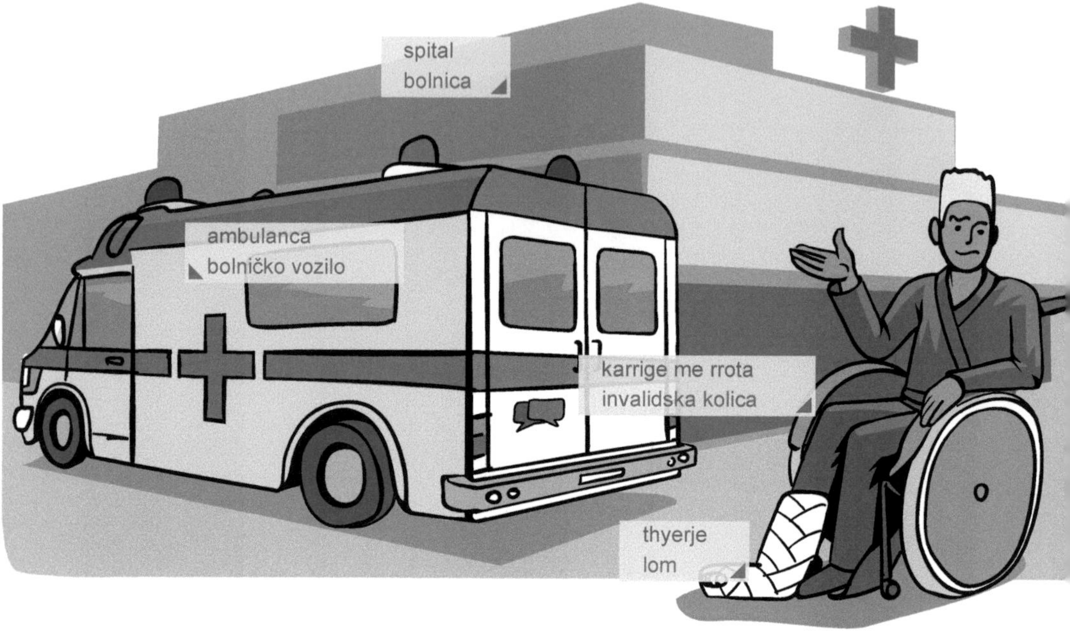

spital
bolnica
ambulanca
bolničko vozilo
karrige me rrota
invalidska kolica
thyerje
lom

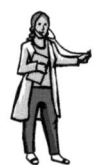

mjek

lijećnik

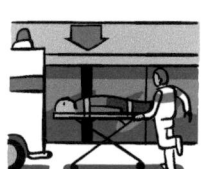

sallë urgjencash

hitna medicinska služba

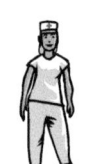

infermiere

medicinska sestra

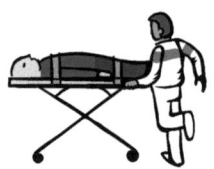

emergjencë

hitni slučaj

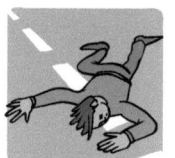

i pandërgjegjshëm

nesvijest

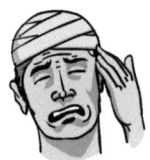

dhimbje

bol

dëmtim
ozljeda

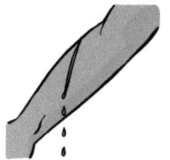

gjakosje
krvarenje

infarkt
srćani infarkt

goditje
moždani udar

alergji
alergija

kolla
kašalj

ethe
groznica

grip
gripa

diarre
proljev

dhimbje koke
glavobolja

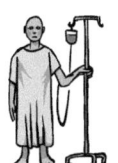

kancer
rak

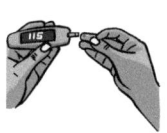

diabet
dijabetes

kirurg
kirurg

bisturi
skalpel

operacion
operacija

spital - bolnica

73

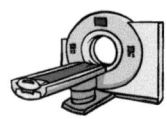

CT (skaner)

ct

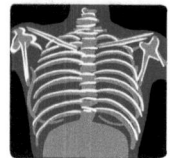

radiografi

rentgen

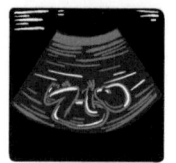

ultratingull

ultrazvuk

maskë fytyre

maska

sëmundje

bolest

dhomë pritjeje

čekaonica

paterica

štaka

leukoplast

flaster

fasho

zavoj

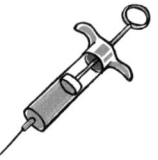

injeksion

injekcija

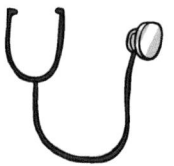

stetoskop

stetoskop

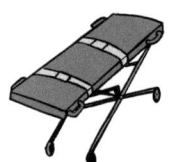

barelë

nosilo

termometër

termometar

lindje

rođenje

mbipeshë

prekomjerna težina

aparat dëgjimi

slušni aparat

dezinfektant

sredstvo za dezinfekciju

infeksion

infekcija

virus

virus

HIV / AIDS

hiv / sida

mjekësi, mjekim

medicina

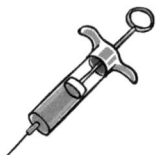

vaksinim

vakcinacija

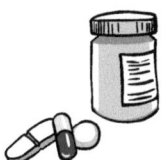

tableta

tablete

pilulë

pilula

telefonatë emergjence

poziv u pomoć

aparat tensioni

uređaj za mjerenje tlaka

i sëmurë / i shëndetshëm

bolesno / zdravo

Ndihmë!

pomoć!

alarm

alarm

sulm

nasrtaj

atak

napad

rrezik

opasnost

dalje emergjence

izlaz za nuždu

Zjarr!

požar!

fikëse zjarri

vatrogasni aparat

aksident

nezgoda

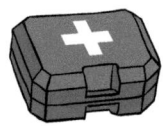

kuti e ndimës së shpejtë

kofer prve pomoći

SOS

sos

policia

policija

Europa

Europa

Amerika e Veriut

sjeverna amerika

Amerika e Jugut

južna amerika

Afrika

Afrika

Azia

Azija

Australia

Australija

Atlantiku

Atlantik

Paqësori

Pacifik

Oqeani Indian

ocean

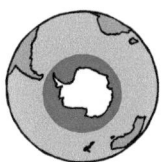

Oqeani Antarktik

antarktički ocean

Oqeani Arktik

arktički ocean

Poli i veriut

sjeverni pol

Poli i Jugut
....
južni pol

Antarktida
....
Antarktik

toka
....
zemlja

tokë
....
zemlja

det
....
more

ishull
....
otok

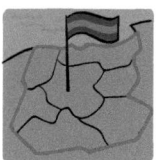

komb
....
nacija

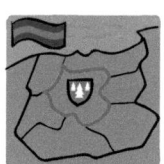

shtet
....
država

fusha e orës
brojčanik sata

akrepi i orës
satna kazaljka

akrepi i minutave
minutna kazaljka

akrepi i sekondave
sekundna kazaljka

Sa është ora?
Koliko je sati?

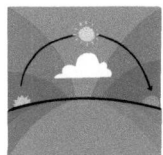

ditë
dan

kohë
vrijeme

tani
sada

orë dixhitale
digitalni sat

minutë
minuta

orë
sat

javë
tjedan

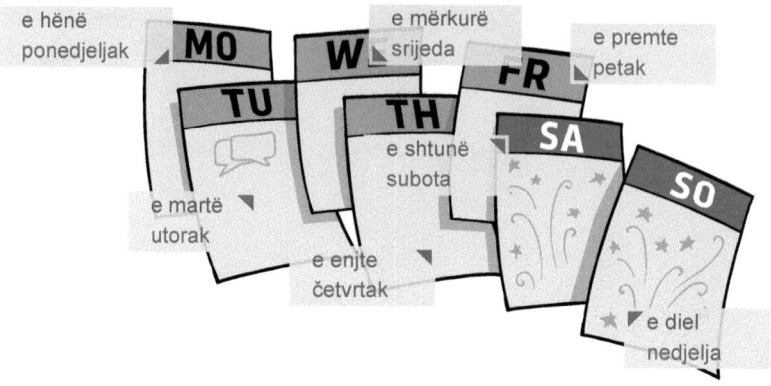

e hënë
ponedjeljak — MO

W — e mërkurë
srijeda

e premte
petak — FR

TU

TH

SA

e martë
utorak

e shtunë
subota

SO

e enjte
četvrtak

e diel
nedjelja

dje
....
jučer

sot
....
danas

nesër
....
sutra

mëngjes
....
jutro

mesditë
....
podne

mbrëmje
....
večer

ditë pune
....
radni dani

fundjavë
....
vikend

vit
godina

shi
kiša
ylber
duga
erë
vjetar
borë
snijeg
pranverë
proljeće
vjeshtë
jesen
verë
ljeto
dimër
zima

4.APRIL 11°
5.APRIL 4°
6.APRIL 13°
7.APRIL 8°
8.APRIL 10°

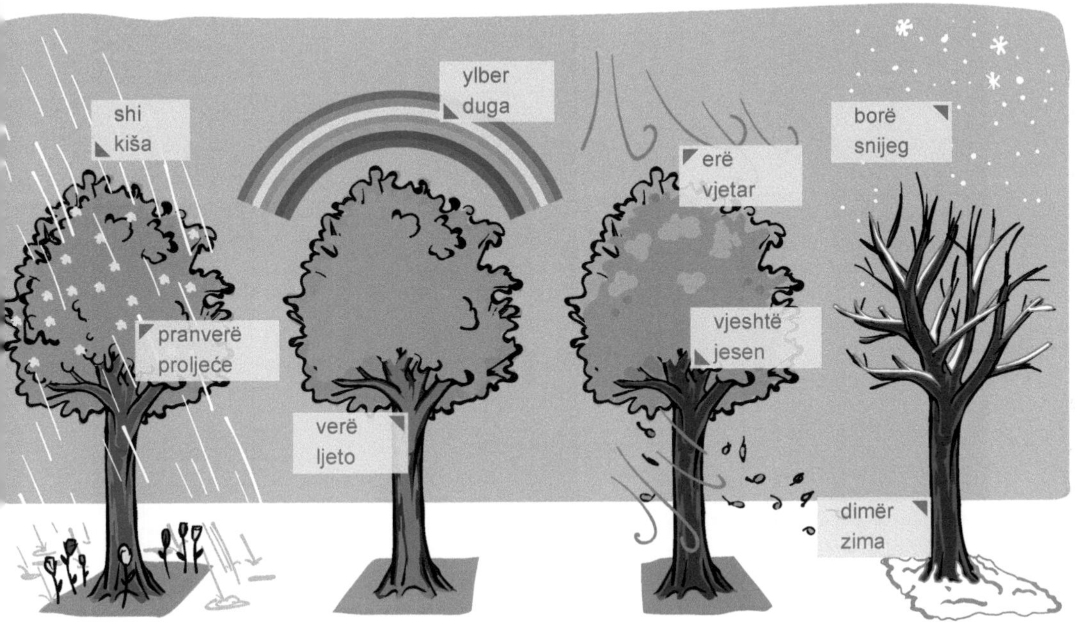

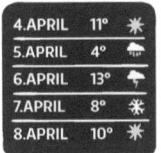

parashikimi i motit

meteorološka prognoza

F
C

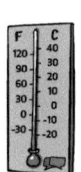

termometër

termometar

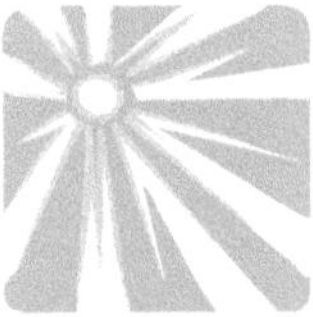

ndriçim dielli

sunčana svjetlost

re

oblak

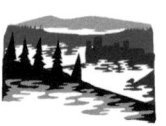

mjegull

magla

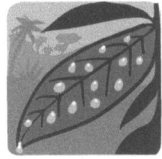

lagështi

vlažnost zraka

vetëtima

munja

gjëmim

grmljavina

stuhi

oluja

breshër

tuča

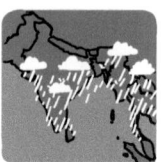

muson

monsun

përmbytje

poplava

akull

led

janar

siječanj

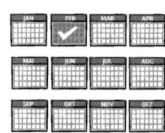

shkurt

veljača

mars

ožujak

prill

travanj

maj

svibanj

qershor

lipanj

korrik

srpanj

gusht

kolovoz

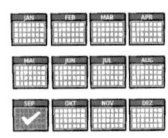

shtator
....
rujan

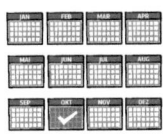

tetor
....
listopad

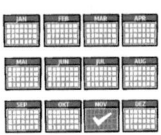

nëntor
....
studeni

dhjetor
....
prosinac

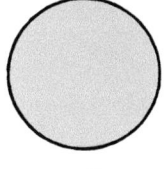

rreth
....
krug

katror
....
kvadrat

drejtkëndësh
....
pravokutnik

trekëndësh
....
trokut

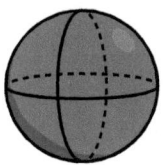

sferë
....
kugla

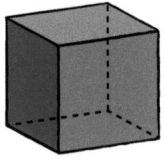

kub
....
kocka

e bardhë

bijela

e verdhë

žuta

portokalli

narančasta

rozë

ružičasta

e kuqe

crvena

vjollcë

ljubičasta

blu

plava

e gjelbër

zelena

kafe

smeđa

gri

siva

e zezë

crna

shumë / pak

mnogo / malo

i nevrikosur / i qetë

ljutito / mirno

i bukur / i shëmtuar

lijepo / ružno

fillim / fund

početak / kraj

i madh / i vogël

veliko / maleno

i ndritshëm / i errët

svijetlo / tamno

vëlla / motër

brat / sestra

e pastër / e pistë

čisto / prljavo

e plotë / jo e plotë

potpuno / nepotpuno

ditë / natë

dan / noć

gjallë / vdekur

mrtvo / živo

i gjerë / i ngushtë

široko / usko

i ngrënshëm / i
pangrënshëm
jestivo / nejestivo

i keq / i këndshëm
....
zlo / dobro

i lumtur / i mërzitur
....
uzbuđeno / dosadno

i shëndoshë / i dobët
....
debelo / mršavo

e para / e fundit
....
na početku / na kraju

mik / armik
....
prijatelj / neprijatelj

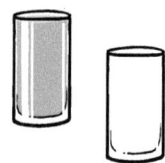

plot / bosh
....
puno / prazno

e fortë / e butë
....
tvrdo / mekano

e rëndë / e lehtë
....
teško / lagano

uri / etje
....
glad / žeđ

i sëmurë / i shëndetshëm
....
bolesno / zdravo

e paligjshme / e ligjshme
....
ilegalno / legalno

i zgjuar / budalla
....
pametno / glupo

majtas / djathtas
....
lijevo / desno

afër / larg
....
blizu / daleko

e re / e përdorur

novo / rabljeno

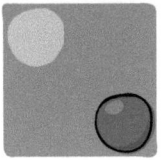

asgjë / diçka

ništa / nešto

i moshuar / i ri

staro / mlado

ndezur / fikur

uključeno / isključeno

hapur / mbyllur

otvoreno / zatvoreno

i qetë / i zhurmshëm

tiho / glasno

i pasur / i varfër

bogato / siromašno

e drejtë / e gabuar

točno / pogrešno

i ashpër / i butë

hrapavo / glatko

i mërzitur / i lumtur

tužno / sretno

i shkurtër / i gjatë

kratko / dugo

ngadalë / shpejt

polako / brzo

i lagësht / i thatë

mokro / suho

ngrohtë / freskët

toplo / hladno

luftë / paqe

rat / mir

të kundërta - suprotnosti

0

zero

nula

1

një

jedan

2

dy

dva

3

tre

tri

4

katër

četiri

5

pesë

pet

6

gjashtë

šest

7

shtatë

sedam

8

tetë

osam

9

nentë

devet

10

dhjetë

deset

11

njëmbëdhjetë

jedanaest

12

dymbëdhjetë

dvanaest

13

trembëdhjetë

trinaest

14

katërmbëdhjetë

četrnaest

15

pesëmbëdhjetë

petnaest

16

gjashtëmbëdhjetë

šestnaest

17

shtatëmbëdhjetë

sedamnaest

18

tetëmbëdhjetë

osamnaest

19

nentëmbëdhjetë

devetnaest

20

njëzetë

dvadeset

100

qind

stotinu

1.000

mijë

tisuću

1.000.000

milion

milijun

anglisht

engleski

anglishte amerikane

američko engleski

kinezisht mandarin

kinesko mandarinski

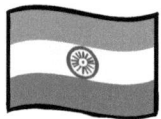

hindi

hindi

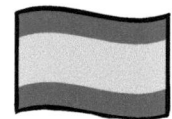

spanjisht

španjolski

frëngjisht

francuski

arabisht

arapski

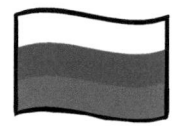

rusisht

ruski

portugalisht

portugalski

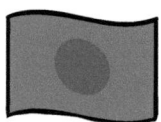

bengalisht

bengalski

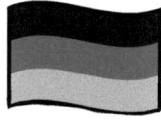

gjermanisht

njemački

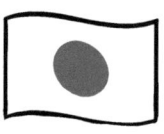

japonisht

japanski

unë
ja

ti
ti

ai / ajo
on / ona / ono

ne
mi

ju
vi

ata
oni

kush?
tko?

çfarë?
što?

si?
kako?

ku?
gdje?

kur?
kada?

emër
ime

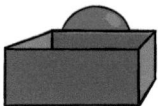

pas

iza

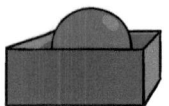

në

u

përballë

ispred

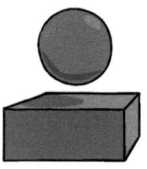

sipër

preko

mbi

na

poshtë

ispod

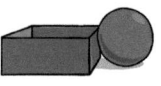

pranë

pored

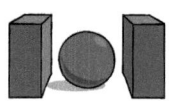

midis

između

vend

mjesto